가시꽃

가시꽃

초판 1쇄 인쇄 2008년 11월 25일
초판 1쇄 발행 2008년 11월 30일

지은이 | 한기주
펴낸이 | 김태봉
펴낸곳 | 도서출판 띠앗
등　록 | 제4-414호

편　　집 | 김주영, 김미란, 박창서, 유종무
마 케 팅 | 김영길, 김명준
홍　　보 | 장승윤

주소 | (우143-200) 서울시 광진구 구의동 243-22
전화 | (02)454-0492
팩스 | (02)454-0493
이메일 ddiat@ddiat.co.kr
홈페이지 www.ddiat.co.kr

값 6,000원
ISBN 978-89-5854-059-5 (03810)

가시꽃

한기주 시집

도서출판 띠앗

꽃을 노래하고
꽃을 그리며
시를 짓는 일은
꽃을 모를 때에만 가능한 일이다

…………………………….

꽃이 되고자 하는 님들의 정원에
작은 씨앗이 되었으면 하는
바람으로…

✿목차

1부

2부

3부

4부

5부

1부

용문사 가는 길

오르기 힘겨워
버리고 간 욕망들
하나
둘
쌓여,

탑이 되었다

팔당대교

강물은 아무런 두려움 없이 흐르고
나는 그 강바닥 깊숙이 발을 묻고 섰다

중간 지점,
강물이 흘러온 곳과 흘러간 곳이
아득하다

나도 한때는 저 강물처럼
아무런 두려움 없이 흐르던
뛰는 가슴이 있었네

가버린 시간은 길었으나 순간으로 남고
오고 있는 시간은 발밑에 강물처럼
빠져나가네

퉁퉁 부풀어 감각을 잃어버린 다리를 딛고
찬 서리를 맞고 서 있다

진눈깨비

비몽사몽
나선 길
꽈당!
넘어진 자리
누가 나를 위해
진눈깨비 뿌려 놓았나
무딘 발끝이
환하게 눈을 뜬다

안양천 오리

안양천 오리는 집이 없어 좋겠네
꼭, 돌아가야 할 집이 없어 좋겠네

안양천 오리는 날아가 앉는 곳이 집이라
집이 너무 많아 좋겠네

안양천 오리는 집이 없어 좋겠네
황금빛 날개 접어야 할
집이 없어 좋겠네

가시꽃

장미는 자신의 아름다움을
몰랐겠으나
사람들의 탐욕스런 눈과 손끝을
경계하여
가시를 세우기 시작했다

꺾는 손끝이 아니라면 가시인들
무엇이 두려우랴

꺾는 손끝이 아니라면 가시도
이미 가시가 아니다

가시도 님을 만나 사랑이 깊으면
꽃으로 피는 법이다

용기

용기 있는 자는
아무도 없는 곳에서
자살에 성공하는 자이고
그보다 더 용기 있는 자는
자살할 수 있는 용기로
삶을 살아내는 자이다
진정으로 더욱 용기 있는 자는
죽음이 오기 전에 죽어
다시 태어나는 자이다

까치 마을

겉이 예쁘고 착한 까치 마을에
어느 날
까마귀 한 마리 날아들었다가
온몸 뜯기며 쫓겨난 까닭은
단지 겉이 검기 때문이 아니라
겉과 속이 모두 검기 때문인데

까마귀가 쫓겨난 산속은
평화 속에 잠기는데
까치 마을이 시끄러운 까닭은
까치들은 겉이 예쁘기 때문인데

하산

절벽 기어오르다
숨이 멎을 것 같은 벼랑 끝, 그곳에
아무렇지도 않게 피어 있는
꽃 한 송이 보았네

아아, 나는 그곳에서 자살을 하고

꽃잎 타고 내려왔네
구름 타고 내려왔네

동전 한 닢

차가운 보도블록
동전 한 닢
나를 보는 눈길 피할 수 없어
집어 들었다

누군가의 손끝에서
쓰임이 다하여 버려진 것일까
손끝이 차다

이것 또한 꼭 쓰일 곳이 있어
온몸을 녹여 뜨겁게 태어났으련만

서서히 체온을 찾아가는
손바닥 위의 노란 동전 한 닢
의심을 품은 눈빛으로 나를 보고 있다

방파제

어쩌라는 것인지
파도는 내 등짝을 두드리며 보채는데
내 가슴은 점점 굳어만 가고

적당한 시기에 무너졌어야 했다

이렇게 굳어버리면 안 되는 것인데…

시계

사각사각사각사각사각사각사각사각사각
사각사각사각사각사각사각사각사각사각
사각
송충이 솔잎 먹어 치우는 소리

눈 내리면

눈 내리면 가야지
길들이 사라질 때를 기다려
흰 눈에 내 어두운 눈
멱 감기며
고양이처럼
눈썹 세우고 가야지

눈 덮이면 가야지
흰 눈에 내 검은 발 씻기며
아무도 모르게
나도 모르게
흰 발톱 세우고
사자처럼 가야지

2부

절벽

절벽은 부딪쳐 쓰러지라고 있는 것이
아니다

절벽 없이는 그것을 넘어가는
방법도 없다

민들레 홀씨

놀라워라!

삶의 끝이
이
토
록
가 벼 울 수 있 다 니 …

하늘

속이 훤히 들여다보이는 물은
바닥이 보여서 두렵고
흙탕물은 그 깊이를 가늠할 수 없어
두렵다
나
하늘을 사모하여
그 속으로, 속으로 들어가면서도
두렵지 않은 까닭은
하늘은
속이 훤히 보이면서도
끝이 없기 때문이다

눈

먼저 간 님들이
천국의 소식을 전하려
내려오는

곳

텅 빈 하늘
새
한 마리
날아가는
곳
점 하나
사라지고
내가 죽기 전에
꼭
가 보고 싶은

용문사 은행나무

용문사 대웅전
뜰
밑
부처님 일갈(一喝)이면 떨어질 듯한
벼랑 끝
그곳에 몸을 낮추고 섰다
스님들 불경 소리 듣기를
일 천
일
백 년
온몸에 푸른 이끼꽃
경전으로 피어올랐네
나무도 명상이 깊으면 그 뜻이
하늘에 닿는가
백발이 성성한 머리 위로
구름 한 자락 내려앉는다

님을 향한 노래

빛을 가지고 오시는 님은
깊은 어둠 속에서 오신다는데
어이할꼬
어둠이 내리기가 무섭게
나의 대문은 굳게 잠기고
개들은 짖어 대는데
님은 깊은 고요 속에서
시간이 멈춰버린 곳으로부터
시간이 멈춰진 곳으로 오신다는데
어이할꼬
어두우면 눈이 감기고
눈을 뜨면 대낮이니
사랑하는 님은 어찌 만날꼬

조장(鳥葬)

나 마침내
어머니 대지의 품에
알몸으로 누웠노라
신의 전령들이시어
어서 내게로 와
나를 거두어 주시라
시력을 잃은 눈과
날개를 잃어버린 어깨
무딘 발끝까지 깨끗이 거두어 주시라
그리하여
그대들의 날카로운 부리와
번득이는 눈빛
황금빛 날개 위에
나를 다시 현현케 하시어
그대들의 푸른 용맹과

빛나는 자유로 하여금
나를 다시 하늘나라에 이르게 하시라
죽은 자를 흔들어 깨우는 전령들이시어!
어서 내게로 오시라

고속도로

어디를 그리 급히 가는가
소중한 것들은 여기 많은데
푸른 초원을 황급히 지나
사막에 다다른
늙은 말의 공허한 눈빛을
본 적이 없는가
여기
사랑하는 것들과
지금,
사랑할 수 있는 시간은 충분한데

같은 길은 없다

삶에 있어 같은 길은 없다
내가 지나온
길은 어느 누구도 똑같이 밟을 수 없으며
나 또한
어느 누구의 발자국도 똑같이 밟을 수 없다
같은 곳을 지나가는 수많은 사람들
발자국은 모두 다르다

없던 자

내가 사는 곳은 아파트 이십오 평
어떤 이는 넓다 하고
어떤 이는 좁다 하는데
나는 넓지도 좁지도 않다

어떤 이는 집이 넓어도 불행하고
어떤 이는 집이 좁아도 행복하다

사랑의 깊이마저 자로 재려는
사람들아
눈 속에 없던 자 하나 뽑아 버리면
두 발 닿은 땅마저 좁지 않나니
선택의 여지없이
메마른 땅에 발 디딘 잡초마저
꽃을 피우는데

사람들아

아름다운 사람들아

그대와 난

그대와 난
항상
강물을 사이에 두고
반대편 둑방에 서 있었다
서로의 눈길과
모습을 바라보면서
강물을 따라 걸었다
보내고 싶은 말 있으면
한줄기 바람으로도
충분했다
낙엽이 지면
떨어져 뒹구는 낙엽에
사연을 담아
강물에 띄워 주곤 했다

그대와 난
강물을 건너진 않았다

세월이 흘러
건너편 둑방에
그대가 더 이상 보이지 않을 때
그제서야
나는
강물로 들어가
그대가 되었다

3부

바다와 나

바다가 밤새 뒤척이며 잠 못 이루는 것과
내가 밤새 뒤척이는 것은 다르다
내가 밤새 뒤척이는 것이
작은 가슴으로 바다를 연모한
까닭이었다면
바다는 모든 것을 안아버린 기쁨으로
대지를 애무하는 손끝을 끝내 멈추지
못함이었으리라

내가 먼저

남을 화나게 하려면
내가 먼저 화를 만들어야 하고
남의 눈에 눈물을 보려면
내가 먼저 상처를 줘야 하고
남을 고통스럽게 하려면
내가 먼저 고통을 만들어야 하고
아침 해를 보려면
내가 먼저 일찍 일어나야 하고
세상을 넓게 보려면
내가 먼저 높이 올라가야 하고
남을 도와 강을 건너게 하려면
내가 먼저 강을 건너가야 하고
누군가를 사랑하려면
내 가슴이 먼저 뜨거워져야 하고

다시 태어나려면
죽음이 오기 전에 먼저 죽어 봐야 하고
천국을 보려면
내 눈이 맑게 비어 있어야 하고
천국의 소리를 들으려면
내가 먼저 귀를 열고 깨어 있어야 하고

내가 먼저…

확실한 사실

삶에 있어 확실한 사실은
꼭 일어날 수 있는 일들만 일어난다는 것이다

완전한 그대

그대가 꼭 무엇이 되어야 하는 것은 아니다
그대는 이미 그 무엇이었으며
완전한 존재이다

친구를 찾습니다

무궁화꽃이피었습니다
무궁화꽃이피었습니다
무궁화꽃이피었습니다
무궁화꽃이피었,

가을

익은 것들은 고개를 숙이고
머리를 떨어뜨리는데
만물의 영장들은?

타인

화장을 하고 길을 나선다
남들에게 들키지 않기 위해
지하철역 수많은 사람들
나를 알아보지 못한다
하루에도 수없이
거울을 보며 화장을 고친다
해가 저물며 서서히 긴장을 푼다
몸은 지쳤으나 성공이다
화장을 지우고 거울 앞에 앉는다
거울 속에 낯선 얼굴
차갑게 돌아선다

봄

온 산에 불길
죽은 것들을 흔들어 깨우는
저 뜨거운 불길

지렁이의 해탈

두엄 속을 빠져나온
지렁이 그 몸뚱어리가 환하다

잡초

내 눈 속에는
잡초가 있네
뽑아도
뽑아도
먼저 살아나는 잡초를 기르네

목련

선불리 꽃 피운 죄로
하룻밤 비바람에
목을 떨어뜨린
슬픈
꽃

산

망자들이 사는 곳
참 삶을 살아내지 못한 자들조차
꽃이 되고
나무가 되고
새가 되어…

4부

장애물

내 삶에 있어
장애물은 없었다
나를 넘어뜨리는 것은
항상 나였다

비상

파도가 높을수록
갈매기는 더 높이 난다

사랑

어두운 가슴에
촛불 하나 밝혀내는 것

나무

찬바람 불어오자 나무는
옷을 벗기 시작했다
옷을 벗지 않고서는
엄동설한을 견딜 수 없다는 것을
나무는 잘 알고 있는 것이다
칼바람에 찢긴 상처와
천둥 번개에 굽은 허리를 환하게 드러낸다
깨끗해진 몸뚱어리
근접할 수 없는
순수!
매서운 칼바람
겨우내 비명을 지르며 달아나고
봄이 오면
가장 깊은 상처로부터
새순을 밀어 올리리라

먹구름

맑고 깨끗한 해님의 얼굴을
질투하던 먹구름 어느 날
그 옆을 지나치다가 그 얼굴에
먹구름 한 자락 휙 끼얹고 지나갔는데
그 뒷모습이 저 혼자 검더라

상상

만일에
푸른 하늘을 나는 새들이
계속해서 발자국을
남겨 왔다면
이미 오래전에 하늘은 검게 뒤덮였을 텐데
그렇다면
이 세상이 점점 어두워진다는 이유는
발자국을 남기기를 좋아하는 사람들
때문일 텐데

산 중턱에서

산 중턱에서 산을 올려다보면
위로는 끝이 있고
아래로는 끝이 없어서
좋다
에라, 이제부터는 올라가는 길도
내려가는 길이다!

죽은 나무

옷을 벗지 못하는 나무

은행잎

노란 은행잎
한 잎
두 잎
나비처럼 내려오시네

삶을 놓고서야
환해진 목숨들
땅 위에
황금빛 자리를 펴네

그 위로
죽은 발자국들
무심하게 지나가네

염불암

염불암 대웅전 앞에는
보이지 않는 부처를 찾는 부처들이
웅성거린다

길

하늘에도 길이 있고
바다에도 길이 있고
어떤 이는
절벽으로도 길은 낸다는데
오직, 나에게로 가는 데에는
길이 없다

손곡지

손곡지 뚝방가에
백로처럼 쭈그리고 앉아
옛날을 생각하네
외겨수※ 서마지기 논바닥
움푹움푹 패인
아버지 발자국이 보이고
개울 건너
능안※ 고추밭
나를 보고 하얗게 웃으시며
손짓하시던 어머니
밭두렁 걸어 나오시다
꽃가마 타고
산으로 올라가시네

논바닥 발자국이야
한 길 물로도 덮을 수 있다지만
가슴속 그리움이야
천 길 물속이라 한들
어찌 덮을 수 있으랴

※ 외겨수, 능안 : 손곡지가 생기면서 수몰된 골짜기

5부

어느 노인의 고백

어두워졌으니
자봐야겠지
사실 밤은 두려워
꼭 땅속 같아서 말야
자다가도 몇 번씩 깨어
내가 살아 있음을 확인하지
창가가 부옇게 밝아서야
잠이 들곤 해
내게
마지막 소원이 있다면
낮에 죽는 것이야
그래야 나는
마음 놓고 잠이 들 것이고
나도 모르게 죽을 수 있을 테니 말야

거미의 꿈

거미도 꿈을 꾸었으리라
이른 아침
눈부신 햇살을 한 올 한 올 뽑아
줄을 엮으며 길을 나설 때부터
어두운 밤
지친 걸음으로 어둠 속을 되돌아올 때도
꿈을 내려놓지 않았으리라

갔던 길을 되돌아오고
또 길을 나서야 돌아올 수 있는
거미줄,
가끔은 복잡하게 엉킨 줄을 벗어던지고
새처럼 날아오르는 꿈도
꾸었으리라

거미도 꿈을 꾸었으리라
뒤돌아올 수 있었던 질긴 줄을 모질게
끊어 버리고
나비가 춤추는 꽃밭에 떨어지는
황홀한 꿈도
가끔은 꾸었으리라

거미줄에 걸려 지쳐 쓰러진
거미를 보았다

그곳엔

그곳엔
얼굴 까무잡잡한 소년이 있었고
하얀 얼굴에 사슴의 눈빛을 한
소녀가 있었지

여름날
빈 화단에 수줍게 앉아 봉숭아 꽃씨를 심던
하얀 손이 있었으며
그 모습 몰래 훔쳐보다 소녀보다 먼저
얼굴을 붉히던 소년이 있었지

그곳엔
내가 슬플 때 나보다 먼저 눈시울을 적시던
따뜻한 가슴을 가진 친구들이 있었으며
비 개인 오후,

신비로운 머리띠를 두른 하늘을 보며
터질 듯한 환호를 보내던
눈부신 가슴들이 있었지

그곳엔
내가 쓰러지기 전에 먼저 쓰러지던
어머니가 있었으며
내가 사랑을 배우기 전에 나를 사랑한
사람들과 해와 달과 푸른 하늘이
나를 감싸고 있었지

어머니의 해산

꽃답던 청춘
자식들에게 다 주시고
더 이상 줄 것이 없다고 느끼셨는지
어머니는 서둘러
떠날 채비를 하셨지
평생을 주는 것만을 해 오신 어머니는
마지막으로 받은 따스한 곡기마저
내 입속에 넣어 주고 싶으셨는지
나를 바라보는 안쓰러운 눈길, 그 눈길을
채 거두기도 전에
한 치의 오차도 없이
누가 찾아온 걸까
갑자기 급해지는 숨소리
폐허처럼 허물어지는 육신에서는
아직도 못다 준 사랑의 파도가

밀물처럼 밀려드는데
나를 잡은 어머니의 손에 서서히 힘이
빠져—나갈 — 때
내 가슴도 썰물처럼 비어 나가고
마침내,
평온을 찾은 어머니의 얼굴
해산을 마친 환한 얼굴 옆에, 나는
다시 막내가 되어 누워 있었다

어머니의 회초리

이제야 알겠다
그날,
나를 움켜잡은 어머니가 손에 힘을
왜 서서히 풀으셨는지
두서너 대 맞기가 무섭게 나는
냅다 동네로 도망을 치고
해가 저물어
눈치를 살피며 앉은
밥상머리
그날따라 나의 밥그릇에 밥이
왜 그리 수북했는지
— 이제야 알겠다
서러운 마음을 진정시키며
일찌감치 누운 잠자리
꿈을 꾸듯 선잠을 깨우는 손

나직이 알아들을 수도 없는 목소리
종아리를 어루만지는 따스한 손길
속에서 울컥 더운 무엇이 올라오고
뒤척이는 척 돌아눕는 등 뒤로
엷은 한숨 소리
이제야 알겠다
어머니의 회초리

고 백

천국을 보았나이다
눈 버리고 보았으며
귀 버리고 들었나이다
하지만 나는
벙어리가 되었나이다
이 축복과 기도가
나만의 것이 아님을
잘 알고 있나이다
그로 인해
내 마음은 슬프기도 하오만
눈 없는 것들과
귀 없는 것들이 나를 에워싸고
한없는 축복을 보내나이다
천국의 포로가 되었나이다
하지만 용서하소서

나의 무능함으로 인해
벙어리가 되었나이다

벌레의 죽음

잘 익은 과일 하나
꽉, 깨물어 벌려 놓았더니
벌레 한 마리
툭
떨어진다

빛이다!

어둠을 먹고 자란 벌레는
어둠을 찾아 헤매이다
서서히 죽는다

갈대

흔들리는 것은 갈대가 아니다
바로 그대이다

새

새는
가시덤불 속에서도 같은 노래를 부른다

변명

아침에 보니
차 앞유리에 수많은 생명들이
죽어 있는 것인데
나는 모르는 일
나의 죽음도
신께서는 모르는 일이 될 것이다

원죄

첫눈에 눈이 맞아
숨죽이고
서까래 하나 얹어준 죄로
한겨울
아카시아
등이 휜다

□발문

자연을 닮은 영혼의 시(詩)가 있는 작품

— 김태일(작가 · 풍자문학 발행인 겸 편집인)

한기주 시인의 첫 번째 작품 〈우리가 살아간다는 것은〉의 발문을 부탁받고 졸필을 지면에 더한 지도 어느덧 6년이 흘렀다.

또 다시 한기주 시인은 필자에게 두 번째 영광을 주었다. 나름대로 사양의 눈빛을 보냈지만 일부러 바쁜 시간을 내서 필자를 찾아와 부탁하는 바람에 거절하지 못했다.

그의 첫 번째 시집에서는 고향의 향수를 부르는 수줍음을 담았다면 이번 두 번째 작품 〈가시꽃〉에서는 자연을 닮은 인간을 노래했다.

당나라 시인 백거이도,

“시란 정(情)을 뿌리로 하고 말을 싹으로 하며

소리를 꽃으로 하고 의미를 열매로 한다"라고 했다. 바로 한기주 시인의 작품에서 우리는 그것을 느낄 수 있다.

그의 시는 이렇게 시작하고 있다.

꽃을 노래하고
꽃을 그리며
시를 짓는 일은
꽃을 모를 때에만 가능한 일이다.
………
꽃이 되고자 하는 님들의 정원에
작은 씨앗이 되었으면 하는
바람으로…

꽃을 노래하는 시인의 마음에 정이 뚝뚝 묻어난다. 그러면서 수줍게 꽃을 모른다고 하며 시를 짓는다. 자연을 너무도 닮아 겨울의 솔잎 향처럼 신선하다.

시인은 온 세상을 아름답게 볼 줄 아는 마음의 창을 누구보다도 활짝 열어놓았다. 그래서 이 세상의 온갖 어려움을 혼자 희생양이 되어 작은 씨앗으로 거듭 태어나기를 바라면서 첫 장부터 휴머니즘을 노래하고 있다.

오르기 힘겨워
버리고 간 욕망들
하나
둘
쌓여,

탑이 되었다

<시 '용문사 가는 길' 전문>

인간의 욕망은 끝이 없는 법, 그 욕망의 늪에서 허덕이는 우리 인간을 너무도 간결한 시어로 완벽하게 그렸다.

누구나 산을 찾고 신성한 곳을 찾을 때는 속세에 찌든 때를 버리고 마음을 비우기 위해서일 것이다. 그러나 막상 돌을 하나 주워 탑을 쌓으면서 또 다시 간절한 바람을 외치는 게 인간의 자화상이리라.

그 욕망의 끝은 어디인지, 그것은 진정 신(神)만이 관장할 수 있는 문제일까?

하지만 여기서 우리는 시인의 넉넉함을 〈안양천 오리〉를 통해 감상해 본다.

안양천 오리는 집이 없어 좋겠네
꼭 돌아가야 할 집이 없어 좋겠네

안양천 오리는 날아가 앉는 곳이 집이라
집이 너무 많아 좋겠네

안양천 오리는 집이 없어 좋겠네
황금빛 날개 접어야 할
집이 없어 좋겠네

시인은 삶에 찌든 우리에게 희망을 주고 있다. 서민에게 집이란 평생의 목표이리라. 그런 집이라는 요원한 틀에서 좀더 여유로움을 주는 작품이 독자로 하여금 새로움과 희망으로 충만하게 한다. 집을 노래하면서도 황금빛 날개를 접어야 할 집이 없어 좋겠다고 외치는 시인의 마음이 너무도 진솔하게 마음에 와 닿는다.

그런가 하면 시인은 〈가시꽃〉에서는 전혀 다른 환경을 노래하기도 한다.

장미는 자신의 이름다움을
몰랐겠으나
사람들의 탐욕스런 눈과 손끝을
경계하여
가시를 세우기 시작했다

<중략>

가시도 님을 만나 사랑이 깊으면
꽃으로 피는 법이다.

아마도 누군가 필자에게 삶을 묻는다면 한기주 시인의 〈가시꽃〉을 읽어보라고 말하리라.

끈끈한 인간의 삶이 너무나도 잘 농축되어 있다. 본래 인간은 누구다 다 똑같이 태어났다. 최

초에 선하지도 악하지도 않았다. 하지만 삶이라는 수레바퀴 속에서 돌고 돌다 보니 자신을 보호할 방패가 필요했으리라. 그래서 모든 이가 환경에 따라서 그 모습을 달리하고 있는 게 아닌가. 그것을 시인은 너무도 잘 말하고 있다.

인간은 살아가면서 처한 환경에 따라서 장미의 아름다운 꽃만 보는가 하면 몸통이 가시만을 보기도 하리라. 하지만 장미의 아름다운 꽃과 가시에서 우리는 인간의 내면을 들여다볼 수 있다.

이쯤에서 꽉 채워진 마음을 비워보는 것도 묘미가 있다. 〈민들레 홀씨〉에서 시인은 이렇게 감탄사를 연발하고 있다

놀라워라!

삶의 끝이
이
토
록
가 벼 울 수 있 다 니 …

참으로 놀라운 발상이다. 진정 놀랍다. 아니, 놀랍다기보다는 시인이 노래한 목숨 줄이 이렇게 간결할 수가 있다니…. 마음을 비운 인간은 초연해지는 법이다. 마치 수도승처럼 말이다.

그렇게 아등바등 밀고 댕기고 밟고 위로 올라가려는 인간 군상들을 단 한 소절로 그 맥을 아름답게 끊었다.

"자연과 인간은 하나다"라는 말이 실감이 나는 작품이다. 민들레 홀씨에 인간의 삶이 담겨져 이리저리 부평초처럼 떠도는 게 우리네의 모습을 바로 눈앞에서 보는 듯하다.

삶에 있어 같은 길은 없다
내가 지나온
길은 어느 누구도 똑같이 밟을 수 없으며
나 또한
어느 누구의 발자국도 똑같이 밟을 수 없다
같은 곳을 지나가는 수많은 사람들
발자국은 모두 다르다

<'같은 길은 없다' 전문>

누군가 "인간의 삶은 연습이 없다"고 했다. 현재가 죽음이 될 수도 새 생명이 태어나기도 한다. 이 작품에서 인간들의 각자의 갈 길이 다름을 잘 말해주고 있다. 어떻게 보면 혼자 고독하게 개척의 길을 스스로 해결해야 한다. 그래도 시인은 용기의 메시지를 전달하려는 의도가 잘 나타나 있다.

그래서 그의 〈친구를 찾습니다〉에서는 잠시나마 동심으로 돌아가는 행운의 분위기도 뜻하지 않게 만끽할 수 있다.

무궁화꽃이피었습니다
무궁화꽃이피었습니다
무궁화꽃이피었습니다
무궁화꽃이피었,

단 몇 소절로 끝을 맺고 있는 이 작품에서는 우리는 그동안 저 깊은 곳에 자리하고 있던 추억을 찾아 걷는다. 그래서 인간은 누구나 다 아름답다. 그것은 각자의 삶이 모두 다르기 때문이다.

누구나 "어머니"라는 단어만 떠올리면 마음 한

켠이 짠하고 횅하다. 한기주 시인의 참 작품은 〈어머니의 회초리〉에서 잘 나타나 있다.

이제야 알겠다
그날,
나를 움켜잡은 어머니가 손에 힘을
왜 서서히 풀으셨는지
두서너 대 맞기가 무섭게 나는
냅다 동네로 도망을 치고
해가 저물어
눈치를 살피며 앉은
밥상머리
그날따라 나의 밥그릇에 밥이
왜 그리 수북했는지
— 이제야 알겠다
서러운 마음을 진정시키며
일찌감치 누운 잠자리
꿈을 꾸듯 선잠을 깨우는 손
나직이 알아들을 수도 없는 목소리
종아리를 어루만지는 따스한 손길
속에서 울컥 더운 무엇이 올라오고
뒤척이는 척 돌아눕는 등 뒤로

엷은 한숨 소리
이제야 알겠다
어머니의 회초리

온갖 실패와 불행을 겪으면서도 인생의 신뢰를 잃지 않는 사람은 대개 어머니의 품에서 자라난 사람들이다. 그래서 어머니는 위대한 스승이요, 대자연의 품이라고 감히 말하고 싶다.

한기주 시인의 시에서 자연을 닮은 어머니의 교훈을 배움으로써 한 인간의 휴머니즘을 논할 수 있다.

이 시는 그의 철학이요, 한 인간의 기록이 될 것이다.

필자 개인으로서도 시인이 6년에 걸쳐 추리고 추린 〈가시꽃〉의 발문을 쓰면서 자연과 인간 그리고 참(眞) 자아(我)를 찾는 데 큰 도움이 되었다.